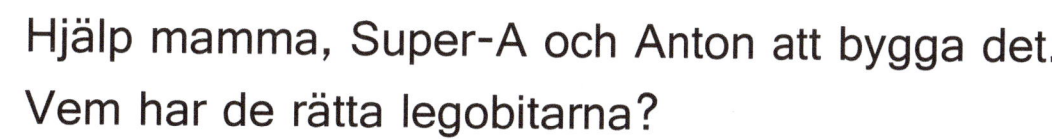

Hjälp mamma, Super-A och Anton att bygga det.
Vem har de rätta legobitarna?

 Anton och Super-A vill baka.
Hur mycket kokosflingor behöver de? Och socker?

 Hjälp Super-A att plocka undan.
Var ska allt vara?

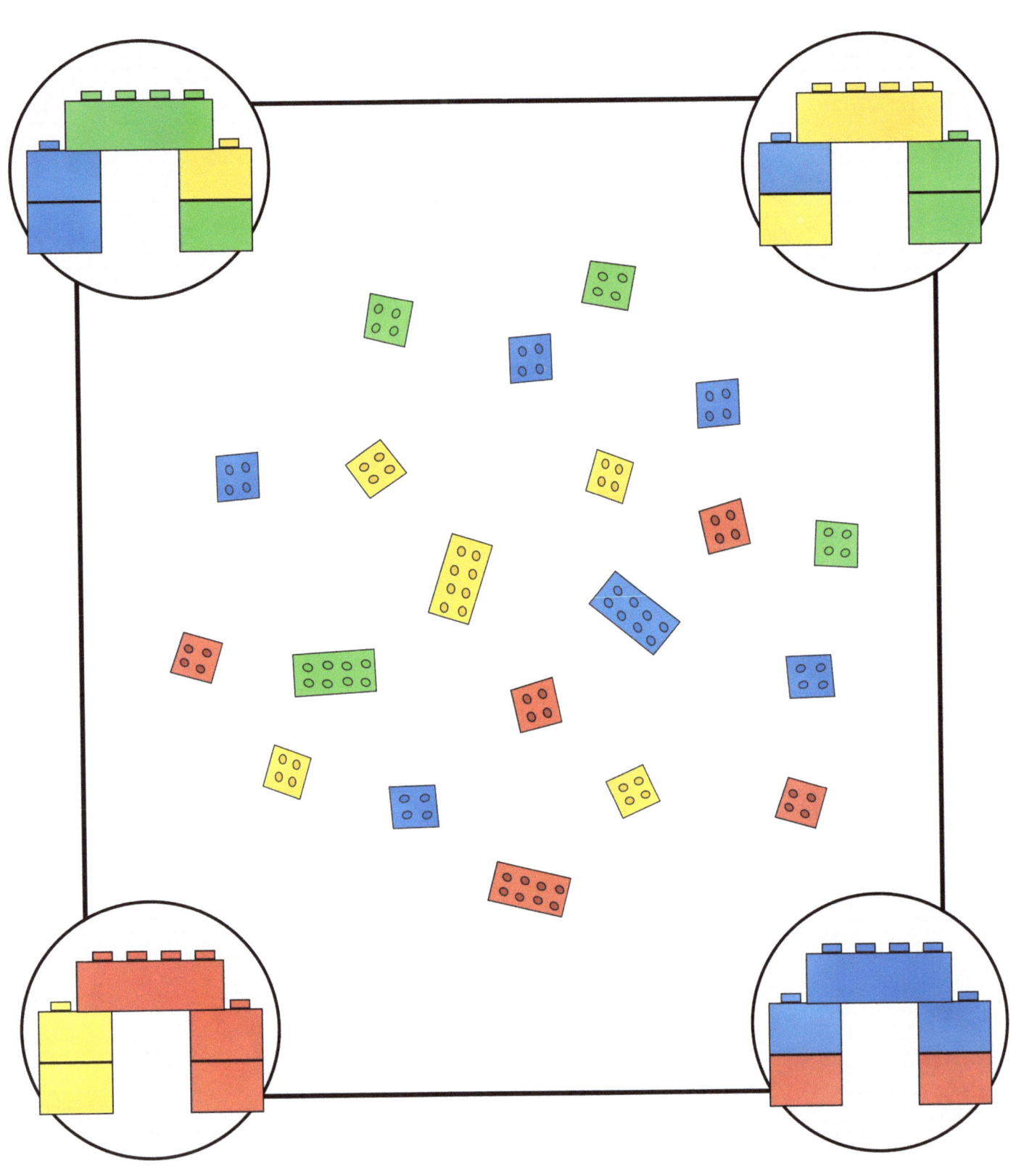

Fördela ALLA Legobitar

Det är fikadags! Hjälp Anton sortera sakerna på bordet. Vad behövs för att tvätta händerna, rita eller äta kakor?

Super-A vill leka! Hjälp Super-A sortera allt.
Vad behövs för att baka, äta kakor eller leka?

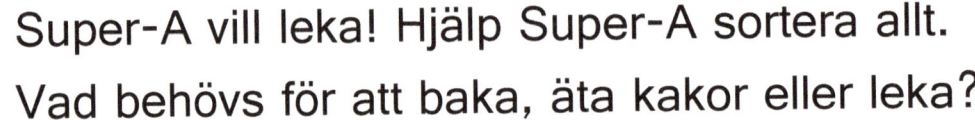

Vi vill baka kakor! Hjälp till att sortera allt. Och ... vad ska INTE vara på bordet när vi bakar?

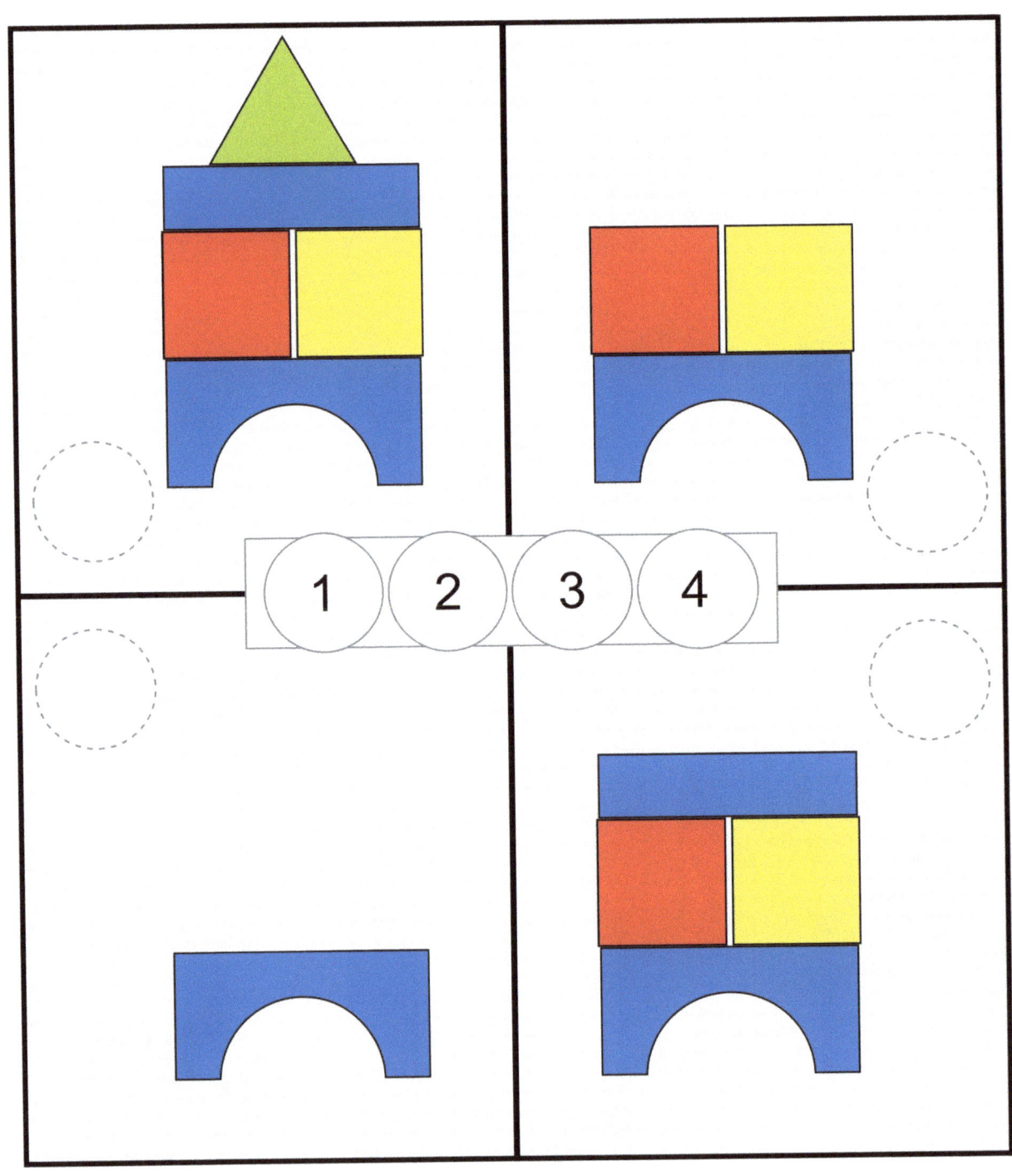

Hitta **RÄTT** Ordning

Skriv, dra en linje eller använd utklippen från sidorna i slutet.

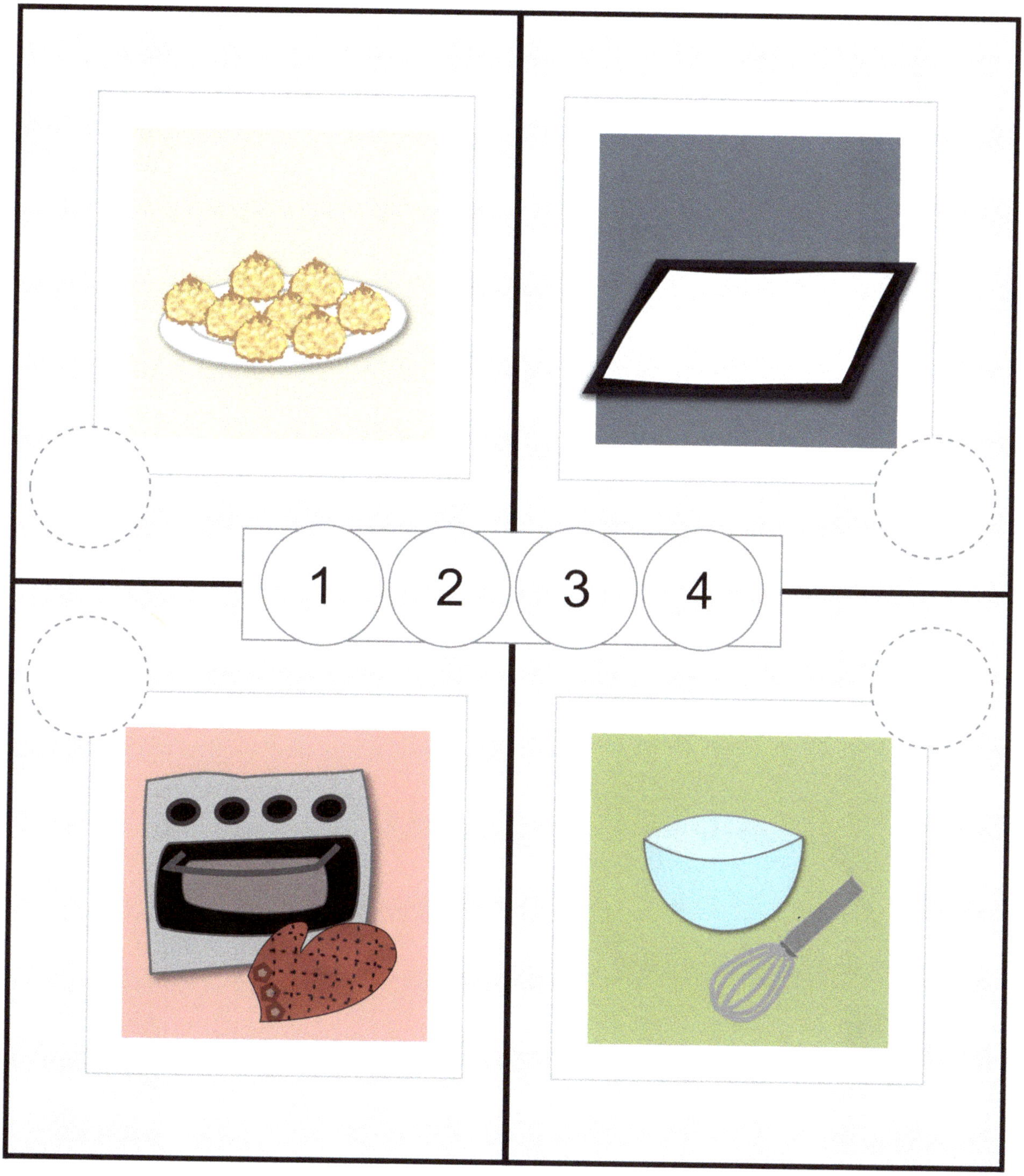

Anton och Super-A vill baka kakor. Hjälp dem!
I vilken ordning behöver de tallriken och det andra?

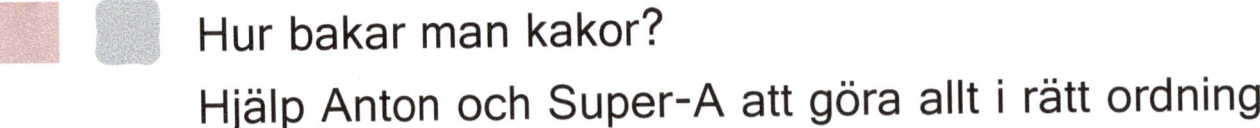

Hur bakar man kakor?
Hjälp Anton och Super-A att göra allt i rätt ordning!

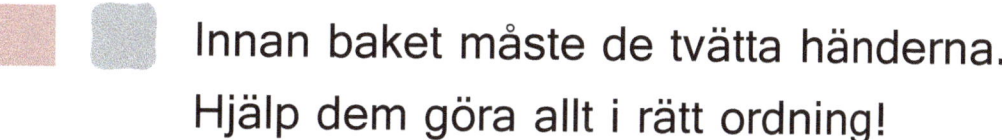

Innan baket måste de tvätta händerna.
Hjälp dem göra allt i rätt ordning!

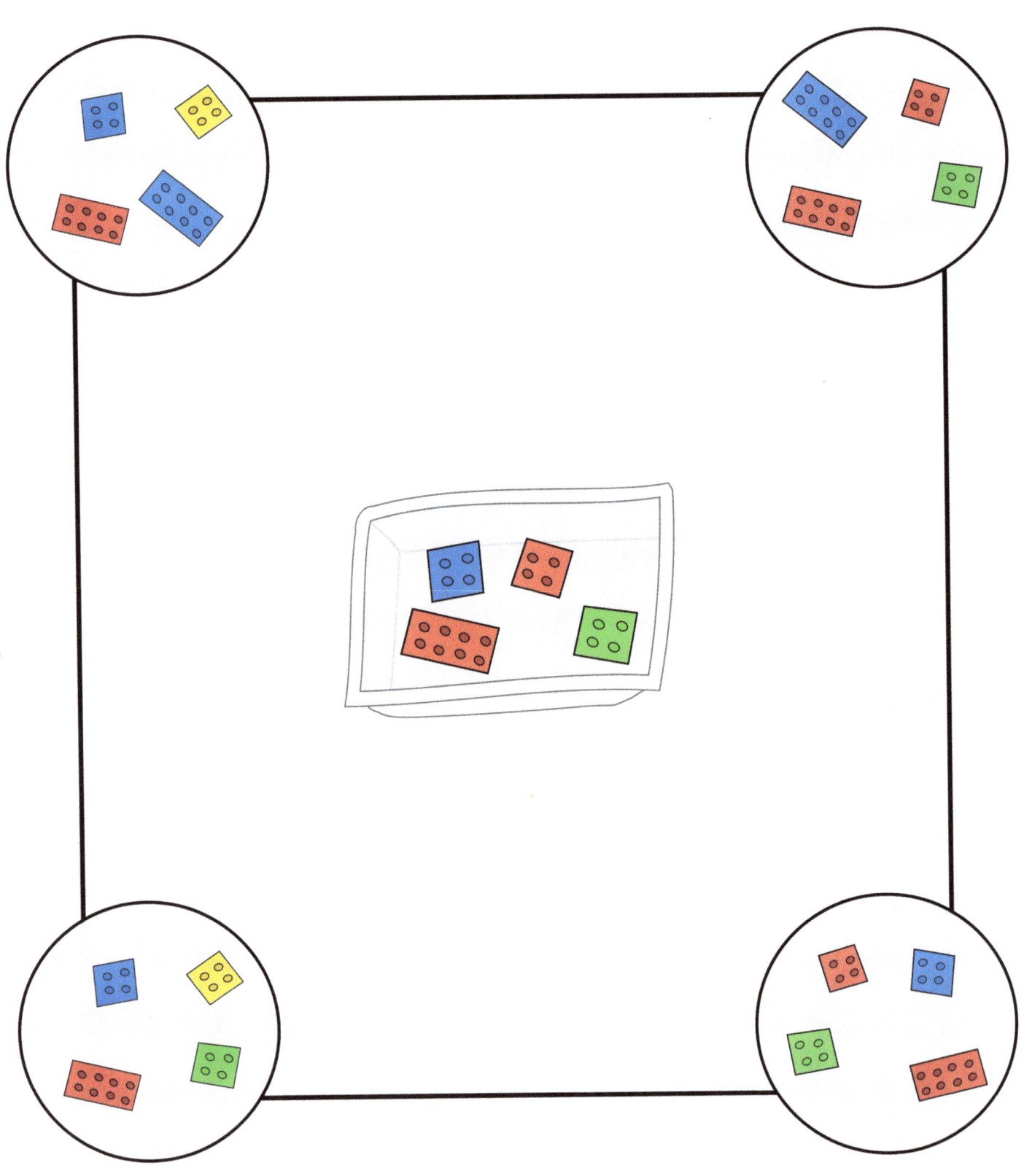

Hitta **4** Samma

Alla är törstiga. Ge dem något de tycker om att dricka.
(Ge varje person en grön cirkel från sista sidorna.)

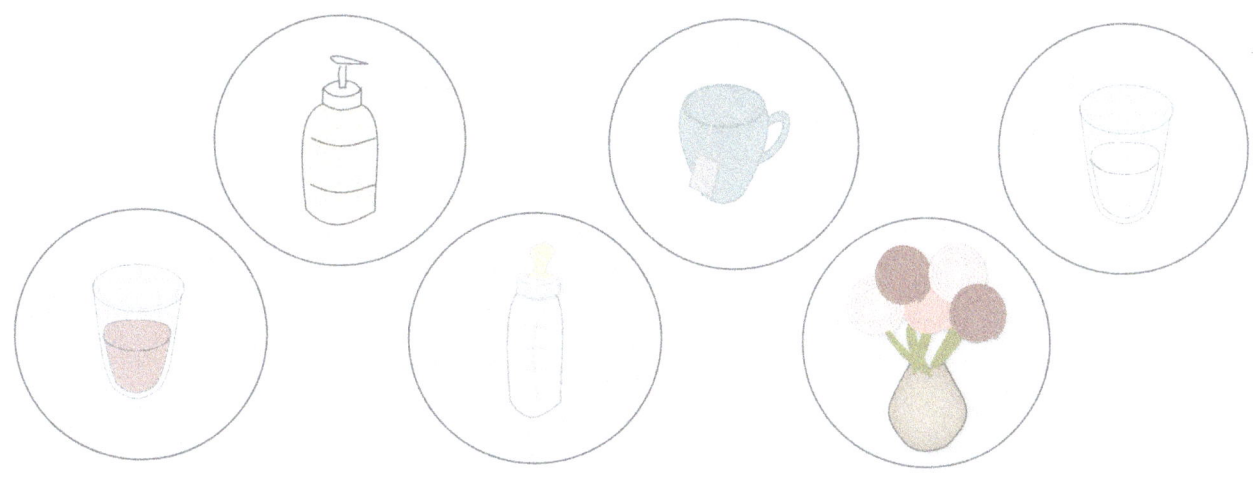

Alla vill gå ut.
Hjälp dem hitta något de vill ta på sig.

Super-A, Anton och lillebror vill leka.
Det finns 6 leksaker. Ge 1 leksak till alla.

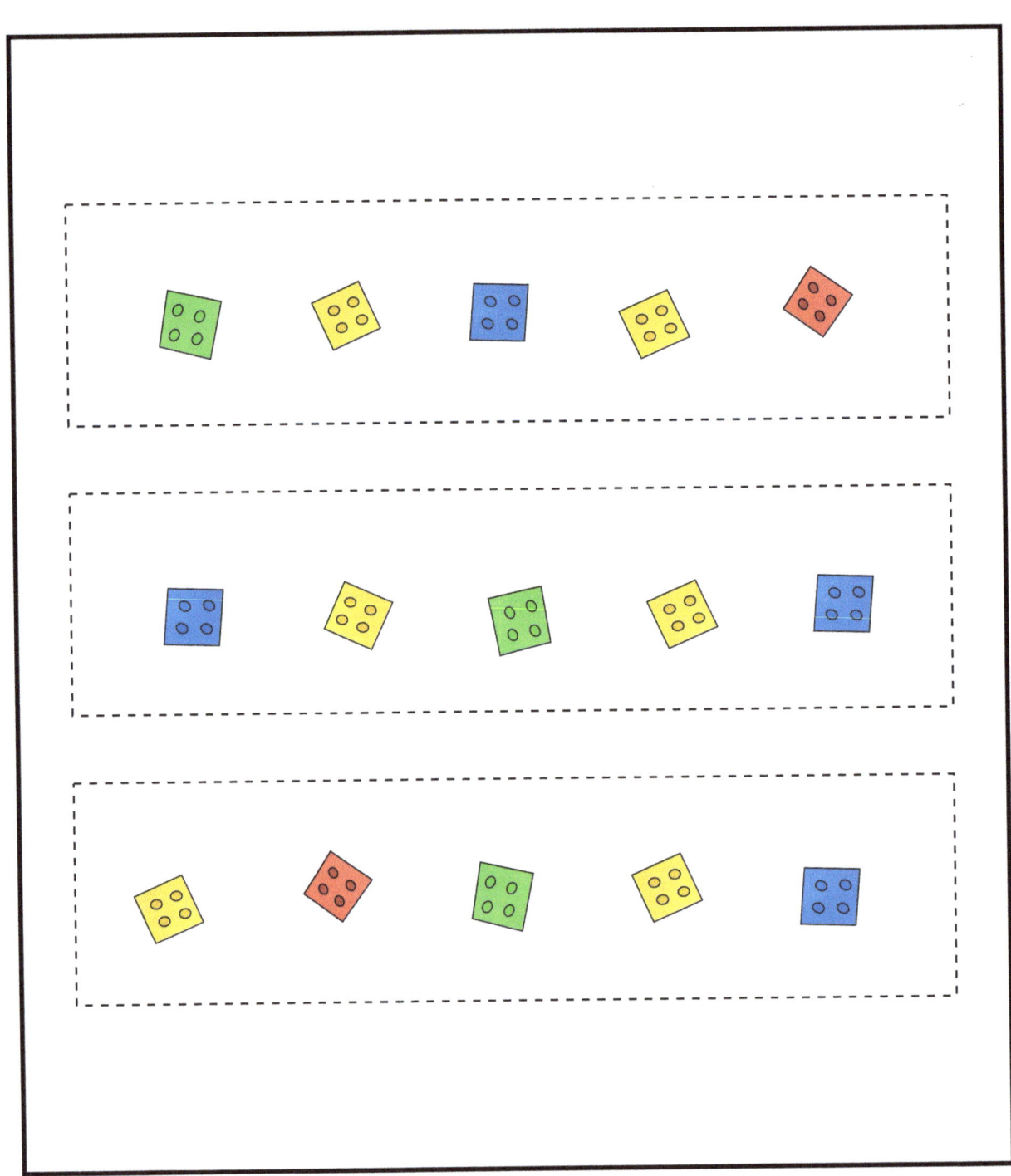

Hitta **LIKA** Rader

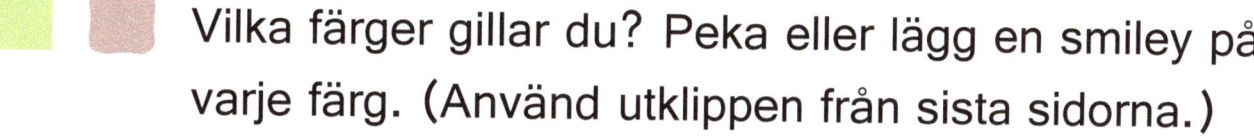 Vilka färger gillar du? Peka eller lägg en smiley på varje färg. (Använd utklippen från sista sidorna.)

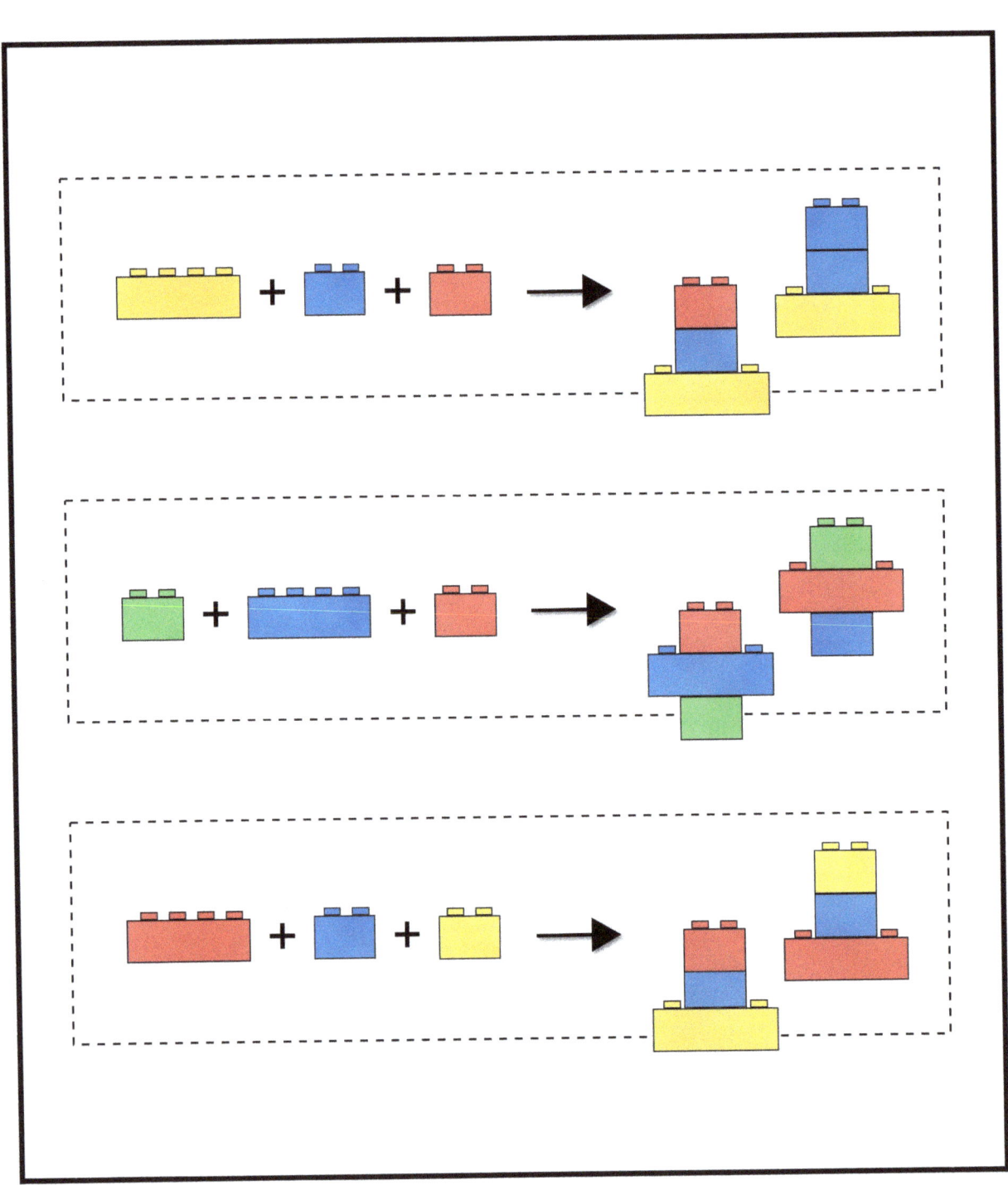

Hitta RÄTT Lösning

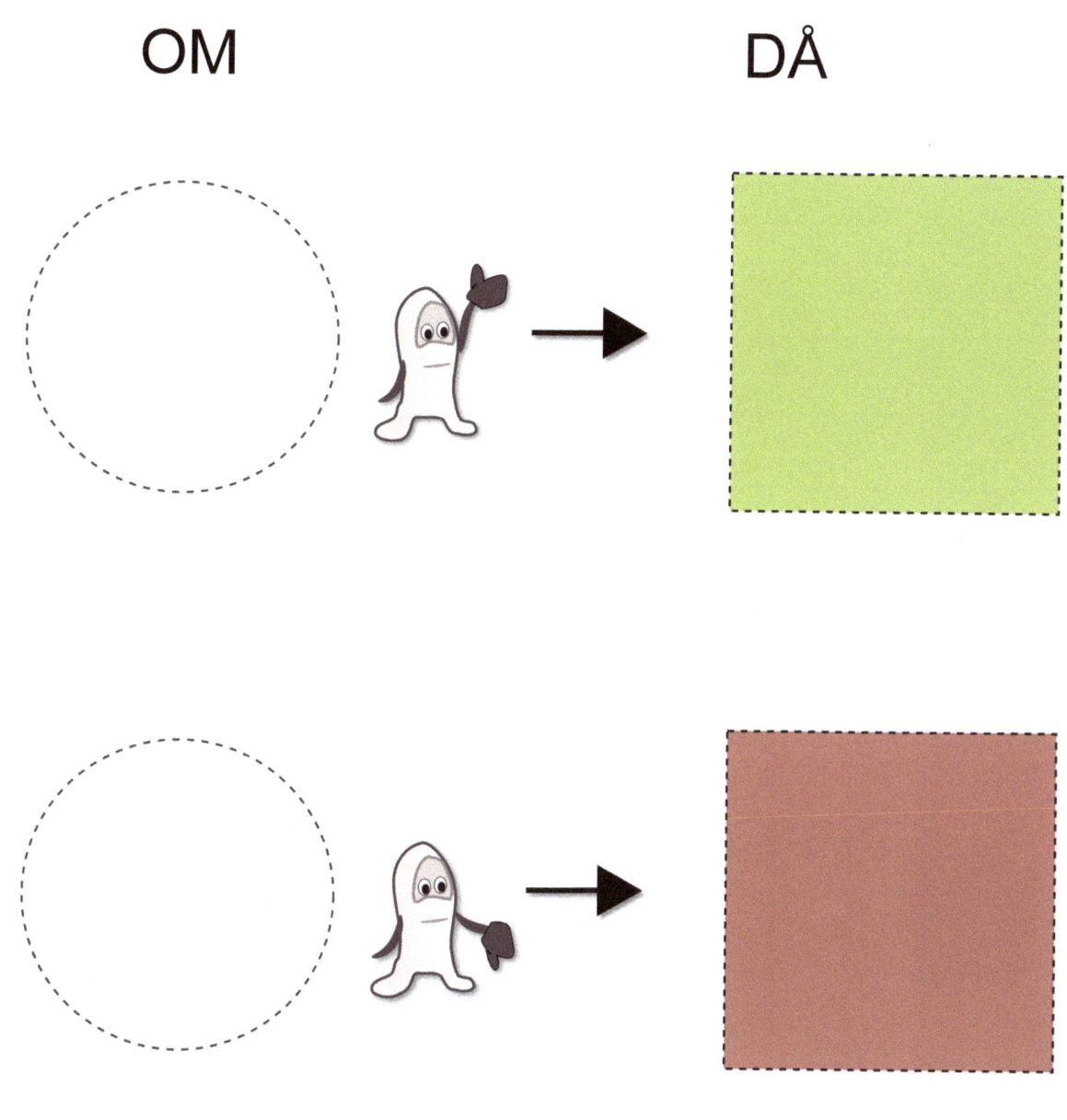

Vi ... använder ugnen ... mäter socker ... bär ägg ... vispar äggen ... och gräddar kakorna. Ge cirklarna en tumme upp eller ner! OM vi gör det, vad händer DÅ?

(Klipp ut memorykorten och spela. Para ihop en cirkel med en kvadat och lägg i rätt följd under "OM" och "DÅ".)

Vilka leksaker gillar du att leka med?
Bollen ... en iPad ...? Lägg en smiley på varje leksak.
(Använd stora eller små smileys från nästa sida.)

Klipp ut! Instruktioner efter nästa uppslag.

Instruktioner för utklippen till övningarna: De gröna cirklarna ska läggas på de tre sidorna med likadana bilder. De kan även användas för att begränsa valen av leksaker i den sista övningen. Siffrorna är ett alternativ till att skriva.

Vill ni öva mer?

1) Vad gillar ditt barn (inte)? Vilka leksaker, färger, ställen eller roliga aktvititer att hitta på? Någon favoriträtt eller dryck? Använd Smiley-korten med saker i vardagen och fäst dem på frukter, leksaker eller bilder av föremål!

2) Berätta för ditt barn varför DU gillar något.

3) Vet ditt barn vad kompisar eller de andra i familjen gillar? Gillar de samma saker? Hur löser vi det om två kompisar gillar samma leksak eller inte tycker om samma aktiviteter?

Ta fram　　　　Blanda　　　　Forma kakor　　　　Äta

SMARTA bakar & gillar med Anton och Super-A: Livskompetens för barn med autism och ADHD
SMARTAS Sysselbok 1 © Jessica Jensen och Be My Rails Publishing 2014
Detta verk är skyddat av lagen om upphovsrätt. Lärare får därmed inte kopiera övningsböckerna
i sin helhet eller som enstaka övningar i utbildningssyfte.
Övningsböckerna med Anton och Super-A får lamineras samt återanvändas för SAMMA elev.
Piktogram: www.sclera.be
ISBN 978-91-981522-8-9

Be My Rails Publishing
www.BeMyRails.com

Baka Kokostoppar

smak-sked

50 g smör

1 dl socker

200 g kokosflingor

2 ägg

låt smeten svälla i 10 min

20 stycken

175°
12-15 min